Vivir en lo oblicuo

T0055196

Editorial Gustavo Gili, SL

Rosselló 87-89, 08029 Barcelona, España. Tel. 93 322 81 61
Valle de Bravo 21, 53050 Naucalpan, México. Tel. 55 60 60 11
Praceta Notícias da Amadora 4-B, 2700-606 Amadora, Portugal. Tel. 21 491 09 36

Claude Parent

Vivir en lo oblicuo

GG mínima

Título original: *Vivre à l'oblique*, publicado por L'Aventure Urbaine, París, 1970.

Colección **GGmínima**
Editores de la colección: Carmen H. Bordas, Moisés Puente
Versión castellana: Ramon Faura
Diseño Gráfico: Toni Cabré/Editorial Gustavo Gili, SL

Printed in Spain
ISBN: 978-84-252-2277-1
Depósito legal: B. 2085-2009
Impresión: Gráficas Campás, sa, Badalona

Claude Parent
Vivir en lo oblicuo
1970

La hipótesis de la "función oblicua", que proponía el plano inclinado como soporte para el asentamiento humano, fue enunciada en 1964 por Claude PARENT y Paul VIRILIO. El texto que aquí sigue trata de ofrecer una idea de conjunto de ciertas soluciones para la concentración urbana, ilustrando con algunos ejemplos concretos las ilimitadas posibilidades de esta nueva forma de ocupar el espacio.

Todavía hoy es necesario ser precavidos ante la seducción natural de lo nuevo; a fin de cuentas, cuando se conocen los "principios" esenciales de la función oblicua, se advierte que una propuesta como ésta existió ya en el pasado, en épocas muy alejadas en el tiempo, muy distintas en lo moral y económico, y que dieron lugar a formulaciones concretas de las que la arqueología nos ofrece un testimonio irrecusable. Desde la Turquía del VII milenio a. C., hasta los pueblos actuales del sur de Argelia, ha existido un pasado de la función oblicua. Este pasado ha tenido, o conserva hoy, su verdad, su realidad sociológica. Es en este sentido, a la función oblicua le está permitido "descubrir", imaginar en el pasado, esta "arqueología del futuro"; del mismo modo que en el presente es posible detectar el "germen", ya sea en las ideas o en los actos, de una futurología. Es decir, de una ciencia basada en el descubrimiento del futuro de la humanidad, en tanto que futuro no impuesto ni padecido por sus dos partes contratantes —los habitantes y los creadores-inventores—, sino integrando la imaginación de unos con el uso de los otros. DEBEMOS LEER EL PASADO COMO UN FUTURO POR DESCUBRIR.

De igual modo que sucede con esta arqueología del futuro, podría resultar gracioso que existiera en Bélgica la asociación de "archivos" de la arquitectura contemporánea, si no tuviéramos la certeza de que estos archivos son, además de un instrumento de conocimiento y memoria del presente, una herramienta de soporte para cualquier acto creativo dentro de una trayectoria claramente prospectiva.

En este contexto global, donde, lejos de estar separados y compartimentados, y yo diría incluso que lejos de estar opuestos y enfrentados, futuro, pasado y presente forman parte de un mismo todo y permanecen unidos bajo el pretexto de mantener viva la acción creativa, es muy difícil abordar el problema de LA FUNCIÓN OBLICUA COMO HIPÓTESIS DE CONCENTRACIÓN URBANA, en la medida en que su significado incide en todos los niveles en el acto de construir.

Fisiología, psicología, influencia sobre la psique, economía, política, sociología, reaccionan violentamente ante la intrusión de un nuevo "ORDEN ESPACIAL". Seis años después de haber presentado por primera vez esta teoría, todavía no sabemos cómo evaluar sus consecuencias ni cómo determinar sus implicaciones. Así pues, en el estudio que aquí sigue me basaré en un análisis deliberadamente elemental, desde el día a día. Cuando se hable de futuro, lo haremos desde la disciplina, ciñéndonos a los procedimientos de la lógica; solamente se dejará volar la imaginación, sin constricción alguna, en ocasionales digresiones que no se extenderán más allá de una página ni de mi propia perplejidad. En futurología de nada sirve basarse en convicciones de que dos más dos es igual a cuatro; y sí dejarse maravillar, a pesar de uno mismo, ante un cuatro que equivale a cinco.

De entre el centenar de entradas, de las mil claves de la función oblicua, yo empezaría por el análisis del concepto ESPACIO INVESTIDO O PRIVATIVO. El esquema clásico es simple y elemental.

En el momento en que un hombre decidió "construir", es decir, imaginó realizar un espacio privativo, ya fuese para asegurarse protección, por necesidad de lo singular o bajo cualquier otro impulso, construyó un RECINTO. Antes que la anexión de un espacio preexistente (gruta, caverna, etc.), levantar un recinto, incluso cuando la ausencia de una cubierta no permita incluirlo en la categoría de lo habitable, constituye la primera manifestación voluntaria en el campo de la construcción, dada su relación con el suelo. Crear un recinto implica fijar un obstáculo al recorrido. El trazado de una circulación directa, estableciendo una línea recta de A a B, se ve perturbado por la interposición del recinto C. Para ir de A a B debe rodearse el espacio privativo C. La aglomeración de individuos en espacios privativos, aquello que dio forma al pueblo y después al burgo (en un rápido repaso de las épocas), condiciona el recorrido, antiguamente libre, de A a B, al inscribirlo en las zonas intersticiales de los espacios recinto.

La "CIRCULACIÓN" ha nacido, y lo ha hecho DISOCIADA del "habitar". Se produce un divorcio entre los espacios privativos, destinados al habitar, y los espacios comunitarios de acceso, ya sean para acceder de un espacio privativo a otro o para atravesar el conjunto de estos espacios.

Ha empezado la era moderna y la especialización compartimentada de los espacios. La ciudad actual no es más que la culminación esclerótica de este planteamiento. Desde el punto de vista de la estructuración de los espacios, no ha aparecido ninguna idea relevante que venga a modificar sustancialmente los modos en que se produce la concentración humana, ni los lugares donde ocurre desde hace miles de años. Desde siempre, vivimos sobre el mismo esquema elemental. Disociación de dos funciones básicas de la dinámica urbana: circular y habitar. Agrupamiento HORIZONTAL de los espacios habitables según el modo de la yuxtaposición.

El funcionamiento de tal estructura sólo puede valorarse a partir de determinados textos históricos o por la propia experiencia. Nuestro presente, con sus grandes complejos, así como nuestro pasado, la gran Roma de las *insulae* y sus cajas de alquiler donde se amontonaban nueve plantas, nos permiten comprender que si la aglomeración, tejida horizontalmente y basada en la disociación habitar-circular (analizándolo siempre desde la óptica de la estructuración espacial), funciona perfectamente para un burgo o una ciudad, ya no ocurre lo mismo cuando esta misma estructura se aplica más allá de determinadas dimensiones y supera, por tanto, determinadas concentraciones demográficas. En función de los nuevos condicionantes que ponen de relieve cómo organizar el territorio, un análisis sociológico evidencia la sobredimensión de las ciudades, así como el carácter anárquico de su crecimiento.

Citar el caso de París, que en pocos años ha pasado de cuatro millones de habitantes a dieciséis, es prácticamente inútil, ya que tal consecuencia resulta más una caricatura que un argumento. No obstante, no podemos ignorar que las ciudades de provincia francesas han doblado su volumen en diez años; que países como Yugoslavia o Argelia han visto cómo toda su población activa se concentraba en las ciudades sin que la voluntad de sus dirigentes encontrara la forma de oponerse a tal *tsunami* (Argelia, alertada por este problema, está tratando de promover asentamientos lejos de las grandes ciudades mediante acciones válidas y estructuras de alojamiento cualitativamente aceptables). Todo este desorden se manifiesta en términos espaciales, en la medida en que la estructura horizontal urbana y su disociación del habitar-circular no está capacitada para responder a las necesidades que plantean las grandes dimensiones. Pensada para tener menos de cien mil habitantes, se cede fácilmente a la simple extrapolación, haciendo impracticable la circulación e inaceptables las condiciones del habitar. La complejidad que la circulación experimentó ya en el siglo XVII no ha hecho más que aumentar a causa del flujo de población procedente del campo y su consiguiente crecimiento demográfico. Estas causas, quizá provisionales, han puesto en evidencia la incapacidad de estas estructuras a la hora de hacerse cargo de la población más allá de ciertos límites. La llegada del automóvil como medio de transporte acelerado para hacer frente al problemático aumento del tiempo de desplazamiento causado por el sobredimensionado de las ciudades, no ha hecho más que acrecentar el problema sin resolverlo al emplazar la cuestión en términos abstractos. En las antiguas ciudades se consideraba que la distancia era directamente proporcional al tiempo del recorrido. La llegada del automóvil permite disociar definitivamente estos dos elementos hasta entonces integrados: nace el urbanismo moderno, ilógico e inhumano, que acepta que una distancia doble pueda recorrerse en la mitad de tiempo. A fin de cuentas, la distancia más corta entre un punto y otro ya no es la línea recta, sino el arco de circunferencia, el contorno. Esta doctrina, panacea de los urbanistas y ante la que el mismísimo M. HAUSSMANN claudicó en su día, LEGITIMABA y ofrecía a la ciudad de dos dimensiones la pócima

curativa de los "pensadores", prolongando artificialmente su esclerosis al tiempo que convertía en definitiva su incapacidad para funcionar.

La evolución de la relación entre automóvil y ciudad,
su acción-reacción, es la historia de una majadería
incalificable: no hay mejor modo de ilustrarla que
citando la célebre frase de Le Corbusier cuando éste,
intuyendo lo inevitable, se dirigió a las autoridades:
"Señores, quieran ustedes o no, los automóviles
entrarán en la ciudad". De este modo se proponía
(¡qué equivocación!) unas estructuras de alojamiento
pensadas y condicionadas por autopistas urbanas y
aparcamientos gigantescos. También en este caso,
en lugar de reinventar las estructuras, se legitimaba
aquello supuestamente inevitable. Es preciso hablar
de Le Corbusier porque su nombre está estrechamente
ligado a uno de los mayores errores cometidos en
nombre del progreso y de la evolución de la estructura
de la ciudad: la confianza en la residencia vertical de
alta densidad, una solución que no sólo no ha resuelto
los problemas de esclerosis urbana, sino que los ha
agravado hasta el punto de conducirnos en breve
a la asfixia.

En efecto, allá por 1930, algunos arquitectos y urbanistas se convencieron definitivamente de que las
ciudades horizontales de dos dimensiones ya no
funcionaban y de que no podrían funcionar durante
mucho tiempo, ni aunque se perforaran los antiguos

tejidos peatonales (Haussmann) ni aunque el automóvil redujera las distancias (funesta democratización del vehículo independiente, primera incongruencia palpable de la imprevisión de la era industrial), y entonces propusieron utilizar la tercera dimensión de la ciudad, dejándose llevar por una euforia colectivista digna heredera del espíritu del siglo XVIII. Había nacido la arquitectura vertical. Por desgracia, tenían un ejemplo a seguir, los grandes edificios de oficinas de Estados Unidos, desde 1880 hasta nuestros días, de Chicago a Nueva York. No obstante, se trataba de un caso muy particular que había surgido de la confluencia puntual de una economía y una geografía específicas; un ejemplo no generalizable, pero con una gloriosa manifestación visual que traspasó la noción de realidad. La fuerza de "la imagen", del ejemplo vivido a distancia, ejerció de tal modo su influencia sobre las almas que disipó cualquier opción de resistencia crítica. El gesto de la arquitectura vertical, su orgulloso simbolismo y su espíritu de superación barrieron toda tentativa de reflexión e implantaron sin esfuerzo una directriz ideológica suficientemente poderosa como para provocar el estallido del tejido urbano. Las ciudades horizontales se ahogan porque su estructura se extiende más allá de unos límites concebibles; las ciudades verticales por haber desintegrado la trama urbana.

El famoso croquis de Le Corbusier que compara en beneficio de la torre la ocupación de suelo del inmueble vertical, con los de la ciudad jardín, es falso.

13

La ocupación vertical no implica ninguna disminución de terreno investido. Simplemente, se inviste el suelo de un modo distinto. Se produce una modificación en la manera de ocupar, pero no en la cantidad de superficie ocupada. La torre, el inmueble vertical, reclama en su base una prolongación, unos equipamientos voraces que acabarán comiéndose todo el espacio previamente liberado. En efecto, la concentración vertical de viviendas exige una zona tampón, un territorio de expansión proporcional a la intensidad de esta concentración (especialmente para los aparcamientos y la entrada y salida de vehículos). Asistimos desarmados al crecimiento incontrolado de los espacios de circulación comunitarios (un *no man's land* no utilizable) que crece a costa del interior del espacio (útil) de vivienda. Cambia la forma de repartir el territorio, el suelo ya no se utiliza para su función básica, habitar-vivir, sino para responder a una idea que nace como constricción: circular, ser canalizado. Los lugares de la vivienda se alejan unos de otros, se repelen como partículas eléctricas del mismo signo. El espacio intersticial rompe los contactos humanos. De hecho, los arquitectos modernos, reagrupados en torno a la Carta de Atenas, erigieron a rango de primera función el hecho de circular, cuando en realidad la circulación no es más que una consecuencia directa de una alienación urbana de la función del habitar; al actuar así han destruido la ciudad. Estos dos términos, habitar y circular, nunca deberían haberse considerado valores equivalentes de una

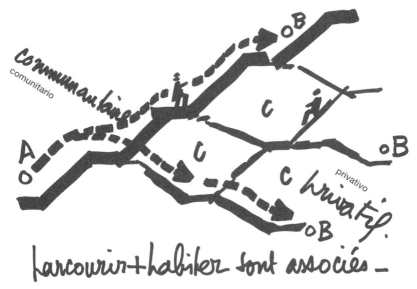

parcourir + habiter sont associés —

recorrer + habitar están asociados

misma ecuación. Debe preservarse la preeminencia jerárquica del habitar. La precisión del lenguaje puede sernos útil para indicarnos cómo la arquitectura vertical surgida de un conjunto de circunstancias económicas y demográficas que ejercen presión sobre la constitución urbana de la metrópolis, como en la Roma del final del imperio, no representa una nueva forma de estructurar la ocupación del espacio, sino simplemente un remedio ocasional, una terapéutica provisional aplicada con urgencia en una estructura horizontal enferma. Nuestra constatación cotidiana del estado de crisis de las ciudades, es tan evidente, tan vivida, que nos abstendremos de añadir nada al respecto y pasaremos a la siguiente proposición.

Una cura que actúe en la causa profunda de la enfermedad urbana sólo puede hallarse en un CAMBIO DE LA ESTRUCTURA ESPACIAL DE ASENTAMIENTO DE LA POBLACIÓN; EN LA INVENCIÓN DE UN NUEVO MODO DE INVESTIR EL ESPACIO HABITADO, en imaginar una nueva manera de tomar posesión del espacio territorial. Puede parecer pretencioso querer hacer tabula rasa con una estructura que durante miles de años nos ha dado tan buenos y leales servicios; es necesario insistir en que una decisión como ésta no se toma desde el autoritarismo, sino que nace de la necesidad absoluta ante un estado de crisis generalizada en el conjunto del territorio del planeta Tierra. Ahora bien, si por un momento, tomáramos en cuenta algunos casos concretos y conocidos de nuestro pasado, podríamos lanzar la siguiente hipótesis: algunas civilizaciones (Roma, los mayas, etc.) han perecido por causas internas, cuando la desintegración ha afectado a sus principales ciudades. Cambiar de estructura no responde pues al delirio de una utopía, sino que es el único medio para evitar la asfixia estructural de las ciudades, el cáncer de las sociedades modernas, una señal de alarma que nos alerta de su destrucción. En ningún caso se trata de un devaneo intelectual, sino de una opción dictada por la supervivencia. El término que mejor define esta toma de conciencia es el de una verdadera "REVOLUCIÓN URBANA"; es decir, una modificación total de las estructuras, una nueva era en el modo de concentración humana.

Llegados a este punto, la única estructura de investimiento espacial que escapa tanto de la ya caduca estructura horizontal como de su corolario abstracto y herético, la estructura vertical, es la ESTRUCTURA OBLICUA.

Si analizamos su mecánica espacial en términos muy elementales, la estructura oblicua presenta las siguientes ventajas:

1. El espacio privativo C puede recorrerse por su superficie exterior, ya que es inclinado, o sea "TREPABLE", sin obstaculizar ya el recorrido directo entre A y B. El hecho de convertir el espacio C en privativo no

supone la imposición de un obstáculo. Así pues,
el primer principio de la función oblicua es el del
OBSTÁCULO SALVABLE.

2. Esta proposición permite distribuir los diferentes
espacios privativos por la superficie exterior, pudién-
dose utilizar con completa libertad para circular.
El espacio comunitario de los accesos, hasta ahora
reservado a la circulación, ya no está canalizado por
los diferentes espacios privativos. Pasa a ser parte
integrante de la estructura que constituye estos
espacios —vemos así cómo la circulación es asociada
al habitar, y ya no algo disociado como ocurría en la
estructura horizontal—. El segundo principio básico
de la función oblicua es el de la INTEGRACIÓN DEL
CIRCULAR EN EL HABITAR.

Como corolario cabe precisar que la estructura oblicua
exige que estos dos principios sean absolutamente
respetados, tanto en el mismo interior del espacio
privativo como en el espacio urbano. Llegamos entonces a las nociones de CERRAMIENTO TRANSITABLE
y CIRCULACIÓN HABITABLE.

No existe función oblicua fuera del absoluto cumpli-
miento de estos dos principios.

Antes de abordar las consecuencias que implica la
estructura oblicua en tanto que espacio habitable dentro de volúmenes habitados, cabe insistir en que el

extérieur
exterior

parcours.
recorrido

intérieur
interior

19

desarrollo urbano y el espacio habitable son tratados de forma idéntica en el plano estructural. No se trata, en ningún caso, de una imposición formal que uno de los dos factores ejerza sobre el otro. Continente y contenido forman un todo indisociable. Los espacios privativos habitables están DETERMINADOS O DELIMITADOS POR EL DESARROLLO DE FORJADOS TRANSITABLES. Tanto en el exterior como en el interior, es el SOPORTE quien ejerce de elemento constitutivo; el encadenamiento continuo de estos planos inclinados conforma los planos de asentamiento de los hombres. Estamos obligados, pues, a abandonar la lógica elemental de la partición espacial, para adentrarnos en el terreno de la hipótesis, ya que la función oblicua supone una hipótesis de partida: en una nueva era urbana, los hombres VIVIRÁN SOBRE PLANOS INCLINADOS, es en este sentido que la función oblicua se sitúa en la ciencia de la futurología y asimila como propio el proceso científico de la hipótesis, de la experimentación primero y de la aplicación más tarde. Ciertamente se trata de algo teórico en el momento que exige una supeditación momentánea a una hipótesis de partida. La vida del hombre en su vivienda se llevará a cabo sobre planos inclinados. Se trata de algo EXPERIMENTAL en Nevers (complejo parroquial Sainte-Bernadette du Banlay de Claude Parent y Paul Virilio); en la Bienal de VENECIA 1970; en el Pabellón de Francia, llevado a cabo por Claude Parent y siete artistas más; en los proyectos de vivienda Tueg, Woog y Mariotti; en el ensayo realizado para la exposición del Musée du Havre. Se trata también de una estructura APLICADA desde el momento en que, a partir de los primeros resultados, se analizarán las implicaciones que ha supuesto introducir una estructura como ésta en la vida cotidiana. Entramos en un universo psicológico, con toda la complejidad que suponen sus interferencias físicas y fisiológicas.

En efecto, lo fisiológico comparece de nuevo al hablar de LA MOTRICIDAD y de LO TÁCTIL.

Sensibilizado de forma mucho más intensa, el cuerpo participa de la sensación de gravedad. Sobre una pendiente, el hombre percibe su propio peso de forma más evidente, incluso estando inmóvil, ya que es necesario realizar mecánicamente un esfuerzo muscular para mantenerse en equilibrio. El hecho de ser consciente del propio cuerpo, incluso estando inmóvil, se intensifica todavía más cuando uno se desplaza sobre las rampas. El peso se convierte en un motor interno. Al descender por una pendiente se desencadena una aceleración, se utiliza el peso del cuerpo en el sentido de una pérdida de equilibrio constantemente controlada; subir por una rampa corresponde a una retención, a una ralentización del recorrido. Las sensaciones de euforia (descender) y de esfuerzo (ascender) se asocian automáticamente al tipo de recorrido por el que se ha optado. En otras palabras, el estado estacionario y el estado de movimiento dejan de ser neutros en el contexto de una estructura oblicua (mientras que

Dans la descente :
Lecture du plafond rampant

En el descenso: lectura del techo rampante

Dans la montée : lecture du sol.

En la subida: lectura del suelo

sí lo son cuando se dan sobre el plano horizontal). Se produce un permanente intercambio energético entre el cuerpo del hombre y su soporte. El cuerpo se convierte en un POTENCIAL DE ENERGÍA que debe recuperarse o que debe combatirse en función de la dirección del trayecto. Este recorrido, sus consecuencias, nunca nos deja indiferentes, puesto que las sensaciones que desencadena nunca son semejantes, sino que van íntimamente ligadas al trayecto. Las líneas de máxima pendiente hacia arriba o hacia abajo de la rampa, se corresponden con el máximo de retención y de aceleración, los recorridos diagonales ralentizan el descenso o facilitan la subida, el desplazamiento horizontal hace más evidente la noción de desequilibrio.

Nunca insistiremos bastante en lo que supone la existencia de una ELECCIÓN PERMANENTE de recorrido que se oponga a la canalización forzada de los hombres (calle, ascensor, pasillo…); se trata del primer paso hacia una libertad recobrada, tanto en las estructuras urbanas como en los espacios del habitar.

No está de más recordar que la estructura oblicua es la única estructura que PERMITE LA ELEVACIÓN sin interrumpir la continuidad del recorrido, a diferencia de otras maneras de elevarse más conocidas como la escalera y el ascensor. En la primera, el movimiento de biela al que se somete la pierna introduce una mecanicidad humana de gestos bruscos y repetitivos;

en la segunda, el ascensor transforma lo que anteriormente había sido un trayecto natural en una mecanización automatizada.

Estos dos elementos, surgidos de una peligrosa descomposición analítica del lugar del habitar, son hasta tal punto ajenos a la estructura habitable, que cada vez con mayor frecuencia se ven expulsados fuera del espacio de la vivienda. La escalera, desde siempre disociada del habitar, supone en numerosos casos (escuelas, inmuebles, hospitales, etc.) el espacio peligroso, el lugar de las pesadillas. ¿Y qué podemos decir de su última manifestación actual, circulación vertical estanca al humo, rechazada por el usuario?, ¿o del ascensor "inteligente", el llamado hidráulico, en el que el recorrido, fuera de toda lógica humana, segrega, aísla y destruye cualquier posibilidad de contacto social?

Por el contrario, la motricidad sobre rampa nos permite recobrar la libertad. No obstante, más allá de la motricidad ligada a la sensación del cuerpo, aparece toda una serie de fenómenos con incidencia en lo psicosensorial, muy relevantes si los analizáramos en profundidad desde una perspectiva neurofisiológica y que podemos ilustrar mediante la idea del vértigo que provoca el hecho de zambullirse en un espacio que se descubre durante el descenso. Esta sensación de DESCUBRIMIENTO, DE LA SUSTRACCIÓN DEL SOPORTE, es todavía más aprehensible cuando no

se advierte la presencia de la rampa (pendiente tendi-
da, no visible, de alrededor de un 5 o un 6%). A la
inversa, el ascenso provoca que el espacio se cierre:
la nariz sobre la rampa. Estos fenómenos son muy
importantes, ya que están estrechamente asociados
con la incidencia de las pendientes y con la manera
en que el soporte superior (el antiguo techo) cierra el
espacio: siguiendo la pendiente o en sentido inverso
a ella, etc.

Todo un nuevo universo estético se desprenderá del
hecho de conocer el recorrido; de ello se hablará más
adelante. En todo caso, podemos ya comprender que
ascender mediante pendientes nos permite obtener
una MODIFICACIÓN CONSTANTE DEL ESPACIO,
por tanto, una LECTURA CAMBIANTE DEL LUGAR.
Cosa nada desdeñable si tenemos en cuenta cómo
proliferan actualmente las tentativas para remediar el
hartazgo que genera el espacio banalizado, por ejemplo, mediante el movimiento o la modificación arbitra-
ria de los elementos que lo componen, destruyendo
de esta manera la arquitectura, que se ve sometida
al capricho diario del uso y se convierte en algo
"informe" en tanto que no formulado. La flexibilidad,
la movilidad, están a la orden del día.

Por sí sola, la función oblicua se opone a esta desfiguración de la arquitectura, ya que es capaz de esta-
bilizar sus formas. Responde al deseo del hombre de
modificar constantemente la manera de aprehender

el espacio. La práctica, el uso de la tercera dimensión (vertical) en los recorridos, genera modificaciones del espacio sin necesidad de alterar el volumen. El volumen permanece fijo, pero, al desplazarse, el hombre modifica su propia percepción del lugar.

Una segunda consecuencia psicológica muy concreta afecta a lo TÁCTIL. En efecto, a lo largo del recorrido, la pendiente se siente directamente a través de los pies gracias al fenómeno de la adherencia. El pie, factor esencial del polígono de sustentación, transmite informaciones directas, no codificadas, sobre las incidencias de la pendiente, sobre las dificultades del recorrido, sobre las pérdidas de adherencia, etc. Lo visual deja de ser el elemento de información preferente. Nos liberamos en tanto que hombres de esta jerarquía de la información nefasta y nociva, donde el predominio de lo visual obstaculiza nuestro juicio, codificándolo hasta tal punto que nuestras ideas siempre se ven condicionadas por las distintas ideologías que afectan a la percepción de la vivencia espacial.

Desplegar el soporte para dar forma a los espacios, convirtiéndolo así también en fachada, en muro, en tabique, está vinculado con el hecho de poner en evidencia lo táctil como filtro de la información. De este modo, dejamos de estar sometidos a la manipulación de informaciones codificadas, trampa muy frecuente en nuestras sociedades. Mediante esta manipulación la experiencia espacial se presta a todo tipo de confusiones afectivas a la hora de decidir qué es bello, feo, cálido, frío, confortable, hostil, etc.

Una pendiente no puede ser cuestionada por las sensaciones de fatiga o euforia que nos transmite. Está ahí. Es difícil o fácil de subir. Se trata de una realidad de la que no podemos escapar. Lo táctil interviene en su realidad MATERIAL (del soporte). En función de si el material del soporte es rugoso o liso, la adherencia será mayor o menor.

Abandonamos pues el universo de la MATERIA DECORATIVA, basado en sensaciones de tipo subjetivo, para adentrarnos en el de la materia cuya FINALIDAD ESTÁ EN EL USO.

Si comparamos esta nueva idea con el análisis de las pendientes llevado a cabo más arriba, veremos cómo todo un nuevo imaginario iconográfico se desprende de la función oblicua, todo un nuevo campo de acción para pintores y escultores; todo un ESPACIO AVENTURA que los artistas deberán investir e imaginar. En este sentido, aunque la experiencia del Pabellón de Francia para la Bienal de VENECIA es premonitoria, se halla aún en una fase embrionaria. Nos encontramos en un estadio germinal que todavía debe brotar en todo un mundo.

Los espacios ZAMBULLIBLES, recorridos en descenso que ofrecen una lectura de la pendiente superior; los espacios ASCENDENTES, que permiten una lectura del suelo soporte; LOS ESPACIOS CUÑA, es decir, los espacios con un diedro agudo que se cierra; o LOS ESPACIOS CRECIENTES, con planos inclinados inversos al sentido de la abertura, constituyen los nuevos soportes estructurales, plataformas de una acción artística todavía por imaginar. Apoyados en la realidad de la materia, introducidos en el universo de lo táctil, lejos de un mundo adulterado y alienado por lo visual, los artistas se reencontrarán, sin duda con agrado, con la disciplina olvidada del uso. Podrán dejar de lado el juego fácil de la destrucción-creación para pasar a medirse con una espacialidad de la que desconocen las reglas, de la que ya no podrán denunciar su esclerosis, pues, en lugar de sentirse humillados por el automatismo de los hábitos y neutralizados por el hartazgo sensorial, se verán emplazados en un nuevo mundo donde estarán obligados a definir e imaginar en qué términos se desarrolla su arte.

También se reanuda de nuevo la aventura para los diseñadores de muebles. Actualmente dan vueltas en círculo al limitarse a ofrecer nuevas interpretaciones formales de viejas estructuras de asentamiento corporal, inventadas desde hace miles de años. La silla moderna y el asiento egipcio son absolutamente idénticos. Los principios básicos del diseño de muebles no han evolucionado. Con el pretexto de poner a disposición del usuario planos de apoyo horizontal (mesa y asiento) y espacios de almacenaje, el espacio habitable queda atestado de muebles que se convierten en obstáculos que entorpecen la circulación en el interior de la vivienda. De la proliferación y yuxtaposición de estos muebles-objeto resulta el MUSEO. Nuestros apartamentos constituyen pequeños museos donde cada mueble es contemplado como objeto aislado dando cabida a toda suerte de sinsentidos decorativos. No es exagerado afirmar que no hay diferencia alguna entre un apartamento amueblado a la antigua y una vivienda montada con los mejores diseños de hoy. Esta exaltación de lo formal en el mobiliario contemporáneo acaba jugando, muy a su pesar, en contra del propio diseño. La individuación excesiva y repetitiva del mueble-objeto potencia la incoherencia del lugar y hace más evidente la tipificación que apresa al hombre y la uniformización de los lugares donde reside.

La función oblicua devuelve al mueble una disciplina de punto de partida. Gracias a las rampas, el espacio de la vivienda posee, en efecto, una estructura preestablecida, una definición espacial, que DIRIGE Y ORIENTA EL MOBILIARIO. Este último, subordinado, dominado, sólo podrá existir si acepta integrarse en el lugar, ir en la dirección de sus características plásticas, establecer una coherencia con ellas. Las pendientes mandan. Nos obligan a concebir un tipo de mobiliario que ya no se adosa a la pared ni puede ser desplazado de manera desmedida, sino que nace asociado al forjado que lo soporta.

30

Sol à vivre : parcours et station.

Suelo vivible: recorrido y parada

31

El mobiliario se convierte en una excrecencia de la rampa. Es el mismo suelo quien, al levantarse, al enderezarse, al ahuecarse, al modelarse, forma los planos horizontales necesarios para la actividad cotidiana: UN SUELO VIVIBLE. Se da una continuidad entre mobiliario y soporte. Llevado al límite, este mobiliario puede SER RECORRIDO. En ningún caso entorpece los trayectos del usuario, se trate de una mesa escalonada que sigue la pendiente o de una dispuesta contra la rampa, de una cama abatible en horizontal cuando llega la noche y que de día se reincorpora a la estructura inclinada, de una puerta que no es más que una parte escamoteada al forjado (como ocurre con las puertas de un avión), o de una biblioteca por la que podamos trepar. Las piezas de almacenaje pueden ser encajadas en los espacios cuña o en las excrecencias del suelo.

Eventualmente, los muebles sólo se moverán en la dirección de la máxima pendiente o perpendicularmente a ella, sobre la horizontal. Se respetará el esquema organizativo en los desplazamientos. Nunca quedará destruido por el movimiento.

El suelo vivible restablece la jerarquía natural entre el marco que contiene y los elementos contenidos. La definición del espacio habitable deja de estar en manos del decorador; el interior de la arquitectura deja así de ver cómo su aspecto queda sepultado bajo una acumulación anacrónica de mobiliario.

Todo lo contrario, la rampa relega definitivamente el mueble-objeto al guardamuebles, al museo, ya que rechaza de una vez por todas la herencia asfixiante de varios siglos marcados por los hábitos y las equivocaciones. En la función oblicua el hombre ya no jugará más a ser el pequeño señor del castillo, como si estuviera en el siglo XVII, como si todavía fuera un niño jugando a los indios. Este niño prolonga-do, afligido por una esposa esclava de la moda en su obsesión por una juventud eterna, este niño viejo, desaparecerá junto a sus juguetes vacíos de sentido.

Bajo la cruda y brutal luz de la realidad, la actual y poderosa idea del CONFORT se desvanece. Basada originalmente en los beneficios de la higiene, la búsque-da del confort ha terminado por transformarse en ideo-logía, en idea llevada al extremo; un fin en sí mismo que ha culminado en un verdadero expresionismo formal.

Como si se tratara de algo casual, el aumento de confort en nuestras ciudades y hogares ha venido acompañado de una restricción del espacio que corresponde a cada uno; como si se tratara de algo casual, la consiguiente proliferación tecnológica (tuberías, recubrimientos, aire acondicionado) ha enmascarado la verdadera estructura arquitectónica, usurpándole la apariencia y transformado la estética surgida de una realidad estructural en camuflaje decorativo (falsos techos, tabiques dobles, etc.).

El infatigable empeño de la civilización por obtener el confort comporta un derroche de medios y exalta las ideologías estancas de la higiene, la técnica y la economía en detrimento de las verdaderas preocupaciones del hombre. Las yuxtapone y las suma, para conseguir un nirvana lo más neutro posible. Regreso angustiado al capullo, a la matriz prefabricada; el empeño por el confort mantiene el entorno vital a un nivel elemental de abrigo y de protección. Sin embargo, hoy sabemos que esta neutralidad, este vacío, esta ausencia, esta no agresión permanente y voluntaria constituyen el cuadro clínico idóneo para desarrollar una enfermedad mental. Contrariamente, para sobrevivir, el hombre necesita que el lugar en que vive lo impulse a la acción, ser DINAMIZADO por la influencia del entorno. Es necesario establecer vínculos con el lugar, relaciones psicológicas como las que se establecen con un organismo vivo. Es en este sentido que entendemos que el lugar no debe dejar que el hombre se suma en la placidez, sino todo lo contrario, formular preguntas, plantear problemas, provocar, generar impulsos, inducirlo a vivir, forzar el diálogo, proyectarlo hacia el no confort psicológico.

La función oblicua es la ARQUITECTURA DEL ESFUERZO que despierta y cataliza al hombre; se opone al confort que apacigua y que adormece, que conduce a la mente a la muerte.

Un lugar para vivir se escucha, se mira, se toca; un lugar para vivir se inviste, se toma al asalto como antaño se hacía con las antiguas fortalezas.

Sin lugar a dudas, el desarrollo continuo del soporte y el franqueamiento de los forjados rampa son capaces de asumir esta relación con el hombre basada en la acción-reacción; es entonces cuando comprendemos lo desfasados que están antiguos elementos arquitectónicos como el soporte puntual (columna, *pilotis*), la cubierta (tejado, bóveda, cúpula), los cerramientos verticales (muro, tabique, fachada), elementos todos ellos en correspondencia, respectivamente, con períodos históricos de la arquitectura pertenecientes a un pasado remoto; elementos definitivamente superados y cuyas recetas, tan útiles antaño, no sirven para resolver los problemas actuales. Este nuevo soporte del que aquí se habla sirve para cerrar y hacer transitables los espacios privativos de la vivienda; y si pasamos de la escala doméstica a la escala de la ciudad, sirve para establecer los recorridos de la distribución, así como para formar el caparazón externo de las ciudades y sus edificios.

No se entiende la preponderancia de lo oblicuo en el dominio urbano si antes no se explica bien en qué consiste un elemento, el componente básico de una ciudad en función oblicua: EL INCLISITIO O SITIO INCLINADO. Lama habitada, inclinada sobre la tierra, suelo de referencia, y que ofrece dos zonas distintas como soporte. En la cara superior de la lama, la SÚPER-FICIE (zona transitable y continua sobre la que se disponen los espacios habitables, asegurando su iluminación y ventilación natural; es el lugar donde se favorecen la relación entre vecinos, las actividades en común, la mezcla social y la vida comunitaria). En la cara inferior de la lama, la SUB-FICIE, suspendida en el vacío, asegura la intimidad de los espacios privativos.

Cuando se compara "el inclisitio" con el inmueble vertical, es fácil comprender el interés humano y las ventajas económicas que aporta la súper-ficie transitable.

En el inmueble, el acceso a los espacios útiles se efectúa a través de la calle interior y vertical de los ascensores, tripas técnicas, oscuras y asociales, cuyo funcionamiento, basado en el transporte eléctrico, es ilógico e imprevisible. Este sistema de elevación se nos muestra del todo grotesco cuando se trata de salvar la diferencia de un solo piso.

Del mismo modo, los espacios a los que accedemos están compartimentados y aislados; concebidos de tal forma que su única relación con el exterior se realiza mediante una superficie vidriada o un balcón sobre el vacío; se pone así de manifiesto el aislamiento que subyace en la estructura vertical, así como el derroche que comporta: cada espacio habitable ofrece como

36

útil la superficie del forjado, es decir, tan sólo una cara de las seis que lo forman. Estos microguetos apilados, concebidos como silos donde los hombres son empaquetados como mercancías, dificultan tanto el habitar como el vivir. Sólo individuos con gran tendencia a la ascesis serían capaces de resistir unas condiciones de aparcamiento tan dañinas como éstas.

Por otro lado, ¿qué decir sobre la complicada relación entre un inmueble vertical y otro? Se nos obliga a volver a pasar siempre por el suelo de referencia, la planta baja: el hombre atrapado en un eterno vaivén de ludión.[1]

Al contrario, el inclisitio puede recorrerse al aire libre (o a cubierto) a lo largo de toda la súper-ficie; la elección del trayecto depende del hombre.

Por lo que respecta al espacio interior, las cuatro superficies soporte que conforman el espacio son a su vez forjados transitables. Así pues, de las seis caras, pueden utilizarse cuatro. Llevado al límite, cuando las distintas estructuras se entrecruzan, este sistema permite al habitante circular por las seis caras, ya sea

[1] El ludión, o "diablillo", de Descartes, es un experimento de mecánica de fluidos, basado en el principio de Pascal y de Arquímedes. Cuando introducimos un diablillo en la botella, éste sube o baja en función de la presión que ejerzamos sobre la botella, de ahí la comparación, subir y bajar, que hace Claude Parent [N. del T.].

por el interior o por el exterior. Se les da un uso total. Si consideramos que la fachada vertical supone una partida importante en el presupuesto total del edificio, queda demostrado que el inmueble vertical, además de imponer lo abstracto sobre la vida, es una aberración desde el punto de vista económico (por mucho que se defienda en nombre de una supuesta y sacrosanta eficacia).

Una ventaja importante de la súper-ficie es que mantiene, incluso en estructuras muy grandes con capacidad para alojar a mucha gente (25.000 habitantes, por ejemplo), el CONTACTO ENTRE VECINOS, un contacto tanto psicológico (intercambio) como visual (sucesión de planos que rompe la llamada del vacío que se da en los inmuebles verticales). Cabe añadir que el escalonamiento asegura un contacto enriquecedor entre vecinos, ya que evita la presencia y coacción de los muros medianeros.

Todos estos aspectos generales que aquí acabamos de exponer cobran especial relevancia cuando se trata del inclisitio en función oblicua de desarrollo clásico; es decir, aquel modelo en que el desarrollo de los forjados interiores inclinados sigue la pendiente del propio inclisitio.

En este caso, la pendiente del inmueble viene dictada por su estructura interior, ya que ella es su consecuencia geométrica.

Si se quiere que las rampas sobre las que se vive sean independientes de la pendiente del inclisitio, basta girar 90° su desarrollo; se circula entonces en zigzag por la superficie del inclisitio, como en una montaña o bordeando un acantilado.

Analizar las posibles analogías con el relieve natural es interesante en la medida en que permite comprender los distintos modos de agrupación del inclisitio como COLINAS ARTIFICIALES, desde el uso de diversas figuras geométricas (olas, turbositios, caracolas, cruces).

Colinas horadadas que se despegan del suelo para salvar un interior, colinas que se adaptan a una pendiente preexistente: sea como fuere, siempre se tratará de RELIEVES CONSTRUIDOS CON LA DIMENSIÓN DE LO NATURAL. En su despliegue de espacios habitables para un mismo número de habitantes, las ciudades inclinadas ocupan un mayor volumen; sin embargo, como contrapartida, también necesitan menos superficie para apoyarse en el suelo y, sobre todo, no necesitan de las habituales zonas protegidas con fines prospectivos (en la función oblicua no cabe hablar de prospección). Y todo ello, precisamente, porque nos interesa obtener grandes concentraciones de habitantes. Queremos IMPULSAR UN HABITAR ACORDE CON LAS DIMENSIONES DEL SITIO, eventualmente, llegar incluso a dimensiones superiores (dominación del lugar), entendiendo al mismo tiempo la ocupación del sitio natural preexistente como acción artística. Estas dos ideas, DOMINACIÓN DEL SITIO E INSERCIÓN EN UN RELIEVE, son indispensables para poder visualizar una ciudad en función oblicua, para conferirle un rostro, una figura.

LA PRESA-HABITADA ilustra magníficamente una posible manera de investir un paisaje de montaña. Muro inclinado que retiene el agua por su sub-ficie y sobre el que se despliegan las viviendas con vistas al valle, a lo largo de su súper-ficie. Otra posible actuación en función oblicua en la montaña consiste en prolongar artificialmente la cima de una montaña. Estos dos ejemplos, destinados a ilustrar, a imaginar antes que a convencer, tienen no obstante un punto en común. Se inscriben en la zona límite de dos elementos, la tierra y el cielo, el agua y la tierra. ESTOS UMBRALES "ELEMENTALES" se encuentran tanto al borde del mar como en la montaña. Es curioso constatar cómo la población tiende a reunirse en lugares privilegiados como estos, en confines, en umbrales. No se puede decir que huya de la superpoblación urbana, ya que la población encuentra refugio entre la propia multitud. Tampoco que busque el sol, ya que las frías playas y los paisajes montañosos envueltos en brumas también la atraen.

Extraño *ballet* el que dibuja la multitud en su escapada, en su migración, al detenerse en estos umbrales, al detenerse en las discontinuidades de la naturaleza. Extraños lugares estos confines investidos, invadidos, lugares de reunión de una población en crisis; extraños relieves de pendiente que, como por azar, "escalan" la montaña o "descienden" las costas. Tema para meditar al respecto.

Extraños *ballets* también los de la multitud en movimiento, que fluye y refluye, que choca contra umbrales infranqueables. Extraños *ballets* en tierras donde solamente la montaña se conserva, y por algunos años, transitable. Extraño choque contra el obstáculo de lo urbano cuando linda con la orilla. Extraño bloqueo el de la multitud cuando se encuentra en las playas. Constricción ineluctable.

Por su FLUIDEZ, la arquitectura oblicua puede dar respuesta al movimiento migratorio y constante de la población. Hace algunos años este fenómeno no existía, los pequeños mundos cerrados del ágora, del foro y de la plaza pública bastaban para contener a la multitud. Existía una disciplina del espacio. Actualmente la multitud está desbordada. No debemos ni podemos obstaculizar esta marea, sea diaria o de temporada. Canalizarla, constreñirla, es una solución provisional, absolutamente inadmisible e insuficiente ante la presión de las dinámicas populares.

En la función oblicua, el obstáculo para los movimientos de la multitud que actualmente suponen las construcciones no sólo se convertirá en superable, sino que además se constituirá en soporte para estos mismos movimientos. De este modo se evitará el conflicto entre las dinámicas de la población y el obstáculo de lo urbano. Un conflicto que a día de hoy sigue siendo uno de los principales problemas de la ciudad, y que adquiere además mayor relevancia a causa de las migraciones diarias (asfixia de la circulación, constreñida, canalizada por entre los espacios habitados) y se ve especialmente agravado cuando la multitud protagoniza de forma esporádica grandes movimientos (manifestaciones).

Llegados a este punto es inevitable plantear el tema de la escala, tema que afecta a las dimensiones de la ciudad. París, un caso concreto, glorioso y trágico, no es una ciudad. Mejor no hablar de una trampa como ésta. Contra la distensión urbana, una demanda frecuente en ciudades que tienen entre 50.000 y 200.000 habitantes, la función oblicua permite UNA CONTRACCIÓN DEL ESPACIO CONSTRUIDO de la ciudad, al mismo tiempo que una ampliación del espacio interior utilizable.

Contraer o agrupar un espacio construido consiste en comprimir el tejido urbano sobre sí mismo; de esta manera es posible volver a circular a pie y responder a los diferentes intercambios que la vida exige. La reducción del tejido se efectuará, por un lado, en detrimento de la circulación con automóvil (que por sí misma desaparecerá en un nuevo soporte que ya no le será favorable); y, por otro, por la asociación de

estructuras habitables con infraestructuras de desplazamiento: circular sobre la ciudad, circular por las
fachadas harán que el habitante, además de no verse
canalizado, se beneficie de una relación de distancias
que le permitirá emprender a pie cualquier recorrido,
sin verse penalizado por ello. En último término, se
reducirán los tiempos de desplazamiento (radios de
acción de 1 a 1,5 km como máximo, es decir de 15
a 25 minutos). Ciertos tipos de transporte todavía no
inventados se utilizarán para trayectos más extremos
o directos. Su uso, principalmente, estará destinado a
personas mayores, incapacitadas o al transporte de
mercancías, etc.

La consecuencia más interesante de esta contracción
del espacio es que permitirá que el peatón se reencuen-
tre con la LENTITUD del recorrido lineal, al asegurar
que cualquier recorrido pueda ser hecho en menos de
media hora. La velocidad dejará de ser un vector esencial en nuestras ciudades. El trayecto volverá a enten-
derse como algo que merece ser "VIVIDO", en lugar
de SUFRIRSE como fatalidad, como tiempo perdido.

La contracción del espacio encuentra un ejemplo
idóneo que, si bien está condicionado por viejas estructuras, todavía se mantiene en pie ante nuestros ojos:
VENECIA. Con unos medios de transporte prácticamente inexistentes (4 o 5 líneas de *vaporetto*) y que nunca
exceden un velocidad media de 6 km por hora, en
Venecia los desplazamientos intramuros de la población

en activo funcionan perfectamente. Insistimos, todavía a día de hoy su funcionamiento orgánico se mantiene perfecto. Los problemas de la ciudad derivan de problemas económicos mucho más graves que nada tienen que ver con su estructura urbana y sí con el envejecimiento de su patrimonio inmobiliario (es decir, gastos de restauración y mantenimiento).

Venecia es una isla. Y son ISLAS EN TIERRA FIRME lo que debemos construir. Nuestras nuevas ciudades deben estar aisladas y ser inabsorbibles por el tejido de las viejas ciudades. Ésta es una de las principales causas por las que las nuevas ciudades deben ser construidas sobre nuevas estructuras, radicalmente distintas de las viejas aglomeraciones urbanas, basadas en estructuras horizontales y apenas renovadas por la pulsión de lo vertical. La estructura oblicua, al ser tan extraña a las espacialidades que la preceden, imposibilita cualquier tipo de absorción. Su forma es capaz de REPELER cualquier intento de asimilación por parte del entorno; de un modo similar al del antiguo *mundi* de los claustros, basados desde el siglo XII (monjes cistercienses en Francia) hasta el siglo XVII (jesuitas en América del Sur) en una estructura nueva, un modo de vida particular.

Ahora bien, si analizamos la historia de las grandes ciudades, descubrimos cómo éstas se originaron sin coherencia alguna, al azar y a partir de sucesivas absorciones. De un modo no muy diferente, ya en la edad moderna vemos cómo las zonas protegidas (cinturones verdes, zonas no edificables, bosques protegidos, etc.) no siempre logran contener la presión ante determinadas necesidades, ni ante ciertas prácticas terapéuticas de urgencia aplicadas por los políticos. La ciudad tentacular, el cáncer urbano, termina por absorber, ineluctablemente, todo espacio construido en su exterior que participe de su misma naturaleza; es decir, de su misma estructura espacial. Éste es el triste destino que les espera a las nuevas ciudades.

Todo lo contrario ocurre con los cambios estructurales de la función oblicua, que preserva a las ciudades de nueva planta de posibles absorciones. No hay encaje posible entre dos cuerpos tan extraños entre sí, como pueden serlo la ciudad horizontal y la oblicua. A fin de cuentas, la sombra que arroja la ciudad oblicua no es más que la que se opone formalmente a cualquier tipo de fusión.

Éstas son, pues, las nuevas islas en tierra firme que debemos construir. Es a través de ellas como se desencadenará un movimiento de RECONQUISTA DEL TERRITORIO, que implicará al desierto francés.

Causses, Bretaña, valles y mesetas y todos aquellos lugares que han quedado fuera de los recorridos habituales verán cómo algunos de sus puntos clave son ocupados de manera claramente opuesta a la dispersión de construcciones por el territorio; una dispersión, cabe decir, similar al crecimiento del moho en el medio natural. Al asumir el rol del antiguo barrio, al poner de relieve la especificidad de sus habitantes y reconocer la particularidad y autonomía del grupo, estos nuevos mundos cerrados y autónomos, evitarán definitivamente la presión que ejerce el entorno cancerígeno de las antiguas ciudades. Se asumirán como ya definitivas las migraciones urbanas; migraciones de las que, por otro lado, vemos hoy síntomas premonitorios en las pulsiones irracionales de una población sorda y muda.

Residencias de fin de semana, vacaciones, viajes, movimientos que, en definitiva, desembocan en la reagrupación de una misma población en otro lugar. No se trata de escapadas en busca de la soledad, sino de migraciones sin objetivo que anuncian las inminentes migraciones de la especie hacia otros lugares donde vivir: UNA MUTACIÓN DE LA ESPECIE HUMANA EN BÚSQUEDA DE NUEVOS ENCLAVES DONDE ASENTARSE; al igual que un enjambre de abejas, que muere si no encuentra una estructura donde cobijarse, la especie humana reclama, aun sin saberlo, nuevas ESTRUCTURAS DE ALOJAMIENTO. Ante unas ciudades en circunstancias tan críticas y la tendencia a la migración que eso conlleva, se entiende que el urbanismo ya no pueda contentarse, como ha hecho tanto tiempo, con construir ciudades terminadas o con una simple definición de sus usos.

Todo lo contrario: es necesario imaginar nuevos soportes que puedan acoger a la especie, plantear una INFRAESTRUCTURA que a través de la acción del hombre, poco a poco, se convierta en ARQUITECTURA.

Esta acción consciente y coherente debe de llevarse a cabo en dos fases.

En la primera fase, y sin demasiada dilación, se realizarán de forma puntual múltiples estructuras inclinadas; con la participación en la vida comunitaria de individuos que se presten voluntariamente a la experiencia. Para ello se efectuarán controles exhaustivos a lo largo de la experiencia, tanto fisiológicos como físicos, tanto a nivel social como a nivel individual (médicos, sociólogos, físicos, psiquiatras, biólogos).

En la segunda fase, después de analizar en profundidad los resultados obtenidos y de verificar científicamente que es posible vivir en consonancia con la función oblicua, se acometerán LAS GRANDES ESTRUCTURAS DE ALOJAMIENTO, pensadas, insistimos una vez más, para acoger a una especie humana en búsqueda de nuevos modos de asentamiento, de enraizamiento y de reagrupación. Estas estructuras, en tanto que resultado del despliegue de unos soportes gigantescos, no serán constrictivas con el espacio de la vivienda (trampa muy habitual en las ciudades de hoy, donde los volúmenes prefijados se convierten en obsoletos ya antes de ser construidos). De hecho, su papel consiste en permitir la libre implantación de espacios habitables en su malla estructural, en dejarse investir por los hombres que en ellas reencontraran una manera de PARTICIPAR INDIVIDUALMENTE EN EL ACTO DE CONSTRUIR, una creación personal, la individualización en el seno de un reagrupamiento planificado.

Las infraestructuras que aquí se proponen, estas estructuras de alojamiento, aparecen como la manera de orientar a los habitantes, de ayudarlos en su nuevo ACTO DE SEDIMENTACIÓN. No obstante, por muy discretas que sean las intervenciones arquitectónicas destinadas a definir los nuevos espacios privativos, estos soportes deben ser muy resistentes y ejercer su presencia; se trata de evitar cualquier intervención surgida de la inmediatez que trate de modificar el conjunto.

Una especie en mutación siempre es DESTRUCTORA. Así lo vemos en nuestra sociedad, donde todo acto creativo, incluso cuando sus intenciones son positivas, es automática e ineluctablemente transformado en un acto destructivo. Las circunstancias modifican la intención inicial y la pervierten. En realidad se trata de un acto reflejo de autodefensa: destruir un entorno inadecuado, obsoleto, desdibujado, esclerótico, débil. Sin embargo, las consecuencias pueden ser muy peligrosas; incluso conducir al genocidio. Permitir que la especie humana emigre (por la generalización de un fenómeno análogo al movimiento *hippie*), sin prever la necesidad de acogerla en estructuras suficientemente fuertes como para resistir el impulso destructivo (impulso inherente a la sociedad misma que siempre lleva consigo el germen de la autodestrucción), es aceptar la regresión del hombre al caos original.

Y ya que se trata de crear relieves construidos, relieves artificiales con la dimensión de las colinas y de las montañas, con la dimensión del paisaje, es necesario también que estos relieves tengan UN ROSTRO, que fijen una imagen que el uso no pueda destruir. Esta especie de MONUMENTALIDAD RECOBRADA, al sustentarse sobre una espacialidad dinámica, en cambio constante, será bien aceptada al no imponer nunca la dominación permanente propia de las estructuras estáticas. Lo oblicuo en movimiento NOS CONDUCE sin resultar opresivo, sin aplastar al hombre. Se beneficia del carácter monumental de la obra, pero escapa de la dominación implícita en lo monumental, ya que el movimiento modifica sin cesar la percepción del espacio. De ahí la resurgida importancia de la arquitectura en esta intervención MONUMENTAL; de ella dependerá que estas estructuras adquieran un carácter, que muestren una figura que las convierta en indestructibles. La implantación de la vida no supondrá desfiguración, sino todo lo contrario: humanizar y sensibilizar. En este sentido, es evidente que la arquitectura debe endurecerse, ser más viril, anclarse bien en el suelo, asentarse.

No puede ser móvil ni modificable; ni estar sujeta al capricho de lo inmediato, ya que si así fuera, desaparecería de inmediato en el caos de la destrucción-creación, abandonando al hombre a su destino y llevándolo hasta la extinción, hasta su disolución anárquica.

Más adelante, cuando hayan transcurrido cientos de años, cuando se haya tomado el relevo de esta arquitectura originaria, de esta guía catalizadora de lo nuevo, después de haber vivido plenamente una arquitectura donde el pensamiento y la práctica conviven en estrecha simbiosis, el hombre experimentará la necesidad de destruir las estructuras que en ese momento frenarán su desarrollo y se lanzará a un nuevo cambio. Habrá llegado entonces el momento de destruir las viejas arquitecturas devenidas nocivas; y en este esfuerzo, el hombre sabrá extraer la imaginación y la fuerza necesarias para descubrir y construir las estructuras de alojamiento de la nueva era.

Por el momento, en este período de crisis que va del año 1970 al 2000, superados los preliminares de la experimentación científica, el hombre debe comenzar a edificar los nuevos soportes de asentamiento, y estar preparado para acoger la migración, esta vez total, de la especie entera. Ante nuestros ojos, el ABANDONO de nuestras ciudades ha empezado.

Ahora bien, no podemos obviar que estas ciudades ocupan un lugar en nuestro corazón; a fin de cuentas, para nuestro espíritu, ellas son las depositarias de toda nuestra memoria y todas nuestras economías. Simbolizan también un capital basado en el esfuerzo humano, el espacio investido por el hombre. Fuera de ellas no cabe progreso, sin su crisol no hay futuro; es trágico constatar cómo la falta de previsión y, sobre todo, la ausencia de un genio creador que haya actuado a tiempo, hacen que este gran espacio investido pierda todo su valor y cese de ser útil. En este sentido, nos parece inaceptable tratar de encontrar las causas en la naturaleza humana, en su psicología o en concepciones de la economía totalmente prospectivas. En realidad, si queremos conocer las causas de la enfermedad, no podemos olvidar que las grandes metrópolis han nacido a una velocidad fulminante y para servir a la industria; es bajo su influjo que las ciudades han:

— perdido su rostro para no ser más que guetos donde almacenar la mano de obra que la industria necesita;
— sobrepasado las dimensiones límite que aseguran la validez de la estructura tradicional;
— reemplazado al hombre por el automóvil-habitante;
— perdido la visión de conjunto de los servicios que el hombre requiere, para someterse a la monofunción dictada por una economía compartimentada y basada en el precio de coste;
— asumido la contaminación como algo consecuente con el territorio.

Hay que entenderlo: LA INDUSTRIA ES LA GRAN
ACUSADA.

Depende de nosotros decidir si el mundo postindustrial
debe proseguir su degradación hasta la autodestrucción definitiva o si, por lo contrario, se impondrá el uti-
llaje industrial con el fin de organizar lo construido en
base a nuestras necesidades vitales. Para esto último,
no basta con votar resoluciones en contra de la contaminación; resoluciones sin duda necesarias, pero que
limitan su ámbito de actuación a la protección. En este
caso, incluso si se combatieran con firmeza los "perjuicios" técnicos, los resultados serían puramente iluso-
rios, ya que la contaminación se produce en el interior
de nuestras ciudades, es generada automáticamente
por nuestro tren de vida y ataca tanto a los espacios
protegidos como a aquellos que hasta ahora han
escapado de la degradación (pensemos en el Bois de
Boulogne, intransitable por sus episodios de violencia,
prostitución, etc.). La contaminación humana dobla la
contaminación industrial. Más que proteger, es indispensable saber dominar el extraordinario potencial de la
industria y reorientarlo. La industria no debe continuar
actuando de forma autónoma, siguiendo sus propios
objetivos, sino que debe ser reconducida, DIRIGIDA
hacia aquellos objetivos que previamente hayan marca-
do las disciplinas interesadas por el devenir humano.

En el mundo de la edificación, al tratar la vivienda como
si fuera un automóvil, la industria pone de manifiesto

su intención de REDUCIR LA VIVIENDA A LA CATEGORÍA DE OBJETO, a bien de consumo, a rápida mutación temporal. Las ciudades se generarían entonces por el apilamiento de células modificables, transformables e intercambiables.

Una solución así es inaceptable. Ya hemos visto qué tipo de problemas ha generado en el caso del automóvil; y eso, tratándose de un objeto surgido propiamente de la lógica industrial. Este lamentable ejemplo nos basta.

La función oblicua, por sus propias características, impide ipso facto esta manera de abordar el problema. Con su estructura continua, lograda gracias al despliegue del soporte, exige la adopción de nuevas técnicas y, sobre todo, una nueva toma de conciencia por parte de la industria.

Al no tratarse de elementos desechables, como un posavasos o un plástico de burbujas para embalar, sino de un ELEMENTO ESTRUCTURAL DISPUESTO PARA PERMANECER UN LARGO PERÍODO, al no tratarse tampoco de una suma de elementos individuales que podamos retirar del conjunto y reemplazar por otros, sino de un ELEMENTO ASOCIADO, INTEGRADO CON EL TODO, estos grandes soportes exigen una modificación completa de la tecnología actual.

El espíritu técnico analítico se verá desplazado por la búsqueda de lo continuo. La perennidad de estas estructuras soporte hará desaparecer conceptos como el de MANTENIMIENTO, para empezar a pensar en términos de CONSERVACIÓN y PERENNIDAD. Ideas como duración o permanencia pueden ser aceptadas sin temor alguno a caer en la esclerosis o el inmovilismo, ya que el hecho de que las viviendas se constituyan sobre una macroestructura soporte garantiza una realidad flexible a la hora de asumir los cambios que introduzcan las necesidades de los habitantes, tanto en lo que afecta al uso como a cuestiones de orden psicológico.

La macroestructura soporte de la función oblicua es una INVESTIDURA SOCIAL que puede ser utilizada durantes siglos. Se adapta a las mutaciones epidérmicas de la especie humana en lapsos de tiempo muy breves. Da paso a la verdadera dimensión social de la arquitectura.

Esta previsión social a largo plazo se opone, evidentemente, a las actuales propuestas de la arquitectura social basadas en la disminución del espacio habitable y la reducción de las prestaciones (precio de coste). Se trata de terapéuticas de urgencia, gestionadas de un modo muy elemental y demagógico. Se apoyan en una filosofía de lo industrial que sólo mira a corto plazo. Ante una industria que actualmente sólo sabe dar respuesta a la moda y a lo efímero, confundiendo la idea de conjunto con una mera yuxtaposición de elementos finitos (la prefabricación actual), es fácil comprender por qué debemos reconducir la industria desde el interés por la investigación. Incluso en técnicas más cotidianas, la investigación, si no quiere errar en su orientación, debe dejarse conducir por científicos e imponerse a la industria.

Las escuelas, universidades, organizaciones como el CNRS [Centre National de la Recherche Scientifique], agrupaciones de personas con conocimientos específicos sobre el tema son quienes, a través de la mediación del poder político, deben tomar el mando de la industria definitivamente. Tutelar la industria, este potencial extraordinario del mundo contemporáneo, es condición indispensable para resolver satisfactoriamente la repartición de los hombres en espacios construidos. Si no es así, tan sólo sufriremos los perjuicios de la industria, convirtiéndonos en sus siervos, agotándonos en encontrar protección cuando lo que deberíamos hacer es fomentar su potencial liberador.

Si examinamos con detalle el modo de operar de la función oblicua, es fácil darse cuenta de que ésta exige nuevas técnicas que nada tienen que ver con los modos actuales de construir; ni siquiera con los de la tecnología más puntera.

Los elementos de la macroestructura deben ser indeformables en la dirección donde presentan una menor resistencia aparente, en el sentido vertical. Es probable que las técnicas de empotramiento deban desarrollarse a fondo, ya que desaparecerá el pilar, el elemento que desde tiempos inmemoriales ha transmitido las cargas verticales. Por el contrario, aquellas técnicas que afectan al comportamiento general de la macroestructura, como la técnica evolucionada de la malla rígida o la más antigua del apilamiento piramidal, serán válidas. Todos estos aspectos requieren todavía ser estudiados una vez más desde una investigación tecnológica, reorientada a alcanzar UNA ECONOMÍA DEL SISTEMA CONSTRUCTIVO.

Con toda certeza, los técnicos intervendrán para precisar definitivamente la forma de la estructura oblicua. Quizá el esquema clásico —una primera rampa, un descansillo horizontal donde reponerse, una segunda rampa— cederá el paso a estructuras con espacios curvos que ofrecerán mayor resistencia y, al mismo tiempo, mayor continuidad del soporte. Las formas onduladas o transitables oblicuas pertenecen a la misma familia de espacios. Para nosotros se trata exactamente de la misma cosa. Se modificará la forma general de la ciudad o del inclisitio, pero los principios básicos permanecerán. Se trata simplemente de insistir una vez más en que la forma del inclisitio, la macroestructura y la estructura del espacio individual, están íntimamente asociadas. La mínima modificación de una comporta el cambio morfológico de las otras dos. Nos posicionamos, no cabe duda, dentro de la disciplina de la gran arquitectura, en aquel

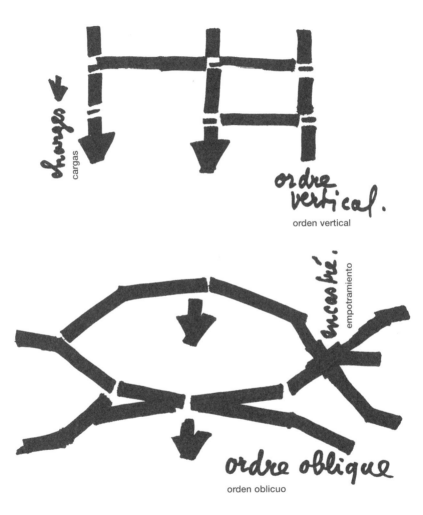

charges
cargas

ordre vertical.
orden vertical

encoché.
empotramiento

ordre oblique
orden oblicuo

57

lugar especialmente privilegiado del proyecto donde el aspecto, la estructura técnica y el uso están indisociablemente ligados. Hay interdependencia.

Esta filosofía de la interdependencia de las partes que forman un todo también se aplicaría a la economía.

Ya hemos visto cómo se transforma la idea de economía en la función oblicua:

1. La inversión inicial (durable) aumenta en detrimento de una inversión a plazos (mantenimiento). También aquí se da una oposición con la doctrina industrial de nuestra época.

2. La economía debe ser entendida como un todo global y nunca plantearse como una suma de aspectos económicos parciales. En un primer momento, el precio de coste de una ciudad en función oblicua implicará una inversión, en apariencia, dos veces mayor. Sin embargo, no se necesitarán autopistas urbanas, aparcamientos ni hospitales psiquiátricos. Nadie puede negar que el presupuesto de la Seguridad Social se vería realmente aliviado si la arquitectura y el urbanismo se pensaran con mayor coherencia, si se pusieran al servicio del hombre.

3. La economía en función oblicua se opone al principio actual según el cual el presupuesto es la suma de partidas estancas y también a su consecuencia

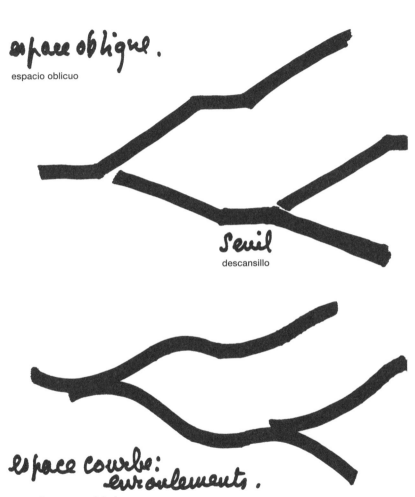

espace oblique.

espacio oblicuo

Seuil

descansillo

espace courbe:
enroulements.

espacio curvo: ondulaciones

inmediata: creer que "economizamos" cuando reducimos al máximo el montante parcial de cada partida.

Actitud analítica, ridícula y peligrosa, que radicalmente nos conduce al derroche.

La economía tiene que ser global; de otro modo no es economía. La función oblicua así lo exige: al fundamentarse en la idea de soporte estructural, impide entender los costes como algo compartimentable y eleva el acto de construir al nivel de la adecuación regional, por lo que se refiere al urbanismo, y al nivel de la obra de arte, por lo que se refiere a la arquitectura. A fin de cuentas, tampoco se compartimenta la economía de una presa.

Asimismo, es cierto que, para su desarrollo espacial, la función oblicua necesita una mayor cantidad de suelo ocupado. No obstante, en términos concretos y reales, el incremento económico que conlleva se ve compensado por el desarrollo hacia el exterior de los inclisitios. Se penaliza, pues, una zona sin saturarla ni construir nada en ella; precisamente es esa misma zona la que impide la fusión con cualquier otro tejido urbano, preexistente o posterior, sea del tipo que sea. No obstante, al ser totalmente transitable, la función oblicua multiplica la superficie útil de la ciudad, como mínimo por tres, como máximo por cinco. En el interior de los apartamentos, cuya capacidad de acumular aumenta en una proporción de uno a dos en relación

a una distribución espacial tradicional, el coeficiente
de uso aumenta también pasando de uno a cuatro
o de uno a cinco, según el caso. En resumen, la
concepción que tenemos de lo económico, tomado
en su sentido más estricto y elemental, queda profundamente alterada cuando interviene la función
oblicua. De hecho, tal concepción deja de referirse
a la realidad.

Debe admitirse que el hecho de emplazar estructuras como las que aquí se proponen modifica la relación entre todas las ideas de las que antes nos
servíamos para dirigir nuestro trabajo como planifi-
cadores; y modifica, incluso profundamente, las
ideas mismas. En este sentido, la función oblicua
es REVOLUCIONARIA.

Sin embargo, no se trata de una FUERZA DESTRUCTO-
RA, que genere y catalice el caos. La función oblicua
no busca vivir ni prosperar acelerando la decrepitud
de las actuales estructuras urbanas. No se trata de
una REACCIÓN contra el estado actual de las cosas
que, gracias a un ambiguo cúmulo de circunstancias,
intente presentar como acción creativa aquello que
en realidad no podría ser más que una acción reactiva.
Todo lo contrario, la función oblicua plantea una
hipótesis desde la que arrancar un proceso puramente
intuitivo, propone una solución que no nace bajo
el signo de la urgencia, sino que facilita el tiempo
hábil necesario para poder experimentar con ella

desde el plano teórico, mejorarla y empezar a realizarla para no verse sorprendidos ante una eventual precipitación de los acontecimientos. Se trata de un MÉTODO PROVISIONAL que no constriñe a nadie y que sólo tienta a aquellos aventureros que, desde hoy mismo, se lanzan a la búsqueda de una FORMA DE VIDA FUTURA.

Las cosas aún pueden seguir así durante mucho tiempo, sostenidas a golpe de costosas y coercitivas terapias de urgencia. La búsqueda desesperada de los *hippies* y su repliegue hacia estructuras del pasado (¿edad de oro?, ¿civilizaciones desfasadas?, ¿exotismo?) no es más que otra señal de alarma entre tantas; el mundo puede aún continuar sin perecer cincuenta años más en su ciega carrera, incoherente y contradictoria; quizá, simplemente destruyéndose un poco más cada día desde dentro; destruyendo, sin embargo, su capital de ideas, el mismo capital cuyo desarrollo, no obstante, ha llevado al hombre a ocupar una posición privilegiada dentro del planeta.

Algunos hombres ya han elegido esta opción, ya han aceptado este suicidio. Pero cuando el resto inicie un movimiento migratorio, muy próximo en espíritu al de los grandes miedos que asolaron la edad media, y huyan de unas ciudades inhabitables, migrarán por obligación; entonces no me gustaría ser uno de los responsables de que no se haya previsto nada para alojarlos.

Preferiría haber participado, incluso creyéndolas inútiles y utópicas, en la construcción de gigantescas estructuras de alojamiento; haber organizado ya con algunos voluntarios las primeras formas de vida sobre estas macroestructuras; haber introducido los primeros gérmenes de una nueva manera de asentamiento de la especie; haber recibido, con suficiente antelación, GARANTÍAS SOBRE EL USO DE UNA PARTE DE LA POBLACIÓN. Hemos invertido durante siglos en arquitectura militar para asegurar la protección nacional; gastamos miles de millones para proteger a la población en caso de conflicto internacional, ante el peligro atómico; sin embargo, para evitar un CATACLISMO URBANO, que pone en juego la propia supervivencia de la especie, tan sólo destinamos, y después de una larga y sosegada reflexión, el crédito de una HLM [Habitations à Loyer Moderé: viviendas de bajo alquiler]. La irresponsabilidad debe tener límites. Ya que somos conscientes de hallarnos en un grave momento de crisis en lo que respecta a nuestras estructuras de asentamiento y ya que sabemos que esta crisis afecta especialmente a la juventud, es decir, al futuro de la especie; ya que esperamos a cada instante la deflagración de esta mezcla explosiva hombre-ciudad, ha llegado el momento de empezar a "prever", si queremos evitar la desaparición del hombre. Ante la revolución inconsciente, la que conduce a la nada, la que destruye y arrasa, la que borrará al hombre del planeta, se hace necesario preparar las estructuras de una REVOLUCIÓN URBANA PACÍFICA, progresiva, que asuma gradualmente, como guía provisional, los primeros pasos vacilantes de la aventura de los hombres en su búsqueda angustiada de un nuevo modo de vivir, de otra manera de existir. Para la rebelión, todavía interior, del hombre, ofrecemos la función oblicua, primera hipótesis, primera aproximación a un nuevo espacio aventura, primera plataforma preocupada por la supervivencia de la especie.